엄재국

# 정비공장 장미꽃

애지시선 005
정비공장 장미꽃

2006년 1월 27일 초판 1쇄 발행
2009년 8월 31일 초판 5쇄 발행

지은이 엄재국
펴낸이 윤영진
편 집 함순례
디자인 함광일 이경훈
펴낸곳 도서출판 애지
등록 제 2005-5호
주소 300 -170 대전광역시 동구 삼성동 125-2 4층
전화 042 637 9942
팩스 042 635 9941
전자우편 ejiweb@hanmail.net



ISBN 89-956864-4-8 03810

애지시선 005

# 정비공장 장미꽃

엄재국 시집

## □ 시인의 말

서른을 지나 마흔을 넘어
묘지의 숨을 쉬는

몸 속엔 아직 드러나지 않은 뼈가 있어

나는 지금 바람의 봉분 속에 누워
몇 삽 말의 흙으로 뼈들을 숨길 뿐.

_ 이천육년 정월

# 차례

## 제3부

제4부

# 제1부

## 망각

바싹 마른 풀밭이 비를 받아내고 있다

파랗게 질린 뽕잎이 누에를 받아내고 있다

벼 베고 남은 그루터기가 잘려진 발목만으로 농부를 받아들이고 있다

오늘은 忌日, 10주년
어머니가 내 절을 받아들이고 있다.

# 처용 단상

바람 한 번 확 피우고 싶은 날,

하늘의 문짝이 덜컹거린다

누군가 경첩 삐걱이며 문 열어 젖히고 있다
천둥과 우뢰의 문 부수고 있다
부서진 문살 지상에 팽개치고 있다

문을 들어서면 방안에
근육질의 남자가
은백의 곱사등이 여인을 덮치고 있다

하고 싶은 말들을 저렇게
둥근 체위로

이글! 이글!

## 발전기

저잣거리를 배회하다
김용사 그 깊은 절로 되돌아 가던 스님이
절 대신
운달산 계곡 물소리 속으로 들어갔다는 애기가
아랫마을 거리를 흘러다니는 가을

계곡물에 발을 넣자
몇 만 볼트의 전기가 흐른다

절을 휘돌아 마을로 흘러가는 전선으로
몇 동네는 족히 마음불 밝히겠다

저잣거리와 절 사이에서
수 없이 모터를 돌린, 저기 언덕을 오르는 스님의 머리가
바위가 됐다 돌멩이가 됐다 한다

# 내장산 단풍

절집 처마에 물고기 한 마리 누가 배를 갈라 놨다

토막치지 않은 걸 보니, 저놈이 대구나 동태라면

고기맛 아는 자가 내장만 꺼내 갔을지 모른다.

한정드는 싸늘한 가을, 무 숭숭 썰어넣은 얼큰 시원한 내장탕

부처님 눈길을 비켜선 자리여서 충분히 짐작이 간다

절 아래 내장탕집에서 내장 든든하게 채우고 둘러보는 늦가을 내장산

타오르는 불꽃의 단풍 속에 올려놓은 냄비 같은 내장사

부글 부글, 내장이 끓고 있다

# 대추나무

벼락 맞은 대추나무가 도장으론 그만이라 한다

번개의 곁가지를 닮아서인가

벼락을 맞고도 한 발짝도 물러서지 않았던,

온몸에 찍혀있는 천둥과 우뢰의 붉은 도장.

계약과 보증과 결혼

지상의 종이 위에 쾅 찍은 도장

번쩍이는 벼락.

## 옹달샘

경북 문경시 산길 깊은 내화리

사과를 주렁주렁 매단 사과나무 한 그루가 명찰을 달고 섰는데요

“지나다 목마르면
　　　　하나 따 드세요”

까치밥에 사람 밥 얹어 매달아 놓은 주먹만한 물통들

목젖 가득 찰랑대는 물소리

# 꽃밥

꽃을 피워 밥을 합니다

아궁이에 불 지피는 할머니

마른 나무에 목단, 작약이 핍니다

부지깽이에 할머니 눈 속에 홍매화 복사꽃 피었다 집니다.

어느 마른 몸들이 밀어내는 힘이 저리도 뜨거울까요

만개한 꽃잎에 밥이 끓습니다

밥물이 넘쳐 또 이팝꽃 핍니다

안개꽃 자욱한 세상, 밥이 꽃을 피웁니다

# 구름 폐가

집 한 채 떠 가네
몇 마리 양떼를 몰고
한때,
울 넘어 아이의 울음 소리 밥물처럼 넘치던

이승을 떠나는 사람들이 차표 없이
즐겨 승차하네
목적지에 닿아도 아무도 내리는 이 없네

일어섰다 홀연히 드러눕는
구름마당, 구름 흙, 구름 기둥

초가 한 채 지상을 다녀가네

# 교대근무

진달래 지천으로 피는 북향의 산비탈
꽃잎이 공중에 매장되고 있다

지하의 한 칸 계단을 내려서고 있는, 친구의 하관식

병반의 광부가 막장의 임무를 교대하고 있다

퇴적된 목숨들이 겹겹이 일어서는, 캄캄한 공중의 광맥들
우수수 쏟아지는 분홍빛 석탄들

누군가,
공중에 꽃을 매장하고 있다

# 촛농

야근 노동자의 담배 연기처럼

늙은 창녀의 빨랫줄 꽃팬티처럼

소학교 소풍 꽁무니의 풍선 장수처럼

빛이 신고 건너는 신발이 있다

# 마흔 넘어 임신한 여자

성능 좋은 엔진 하나 단 것이다
부릉거리며 몸 속 깊은 곳에서 전해져 오는 떨림.
한때 폐차를 꿈꾸던 시절을 지나
멈추어진 녹슨 생의 시동을 걸어보는 것이다
제 속 스스로 밝히는 깊은 곳에
대책 없이 밝아져 오는 등불 하나 내걸어
그 등불이 일으키는 거리를 한 번 걸어 보는 것이다
잠겨진 빗장을 열고
생의 가장 깊은 곳에 침입한 이물질을 자라게 하는
아픔을 감내 해 보는 것이다
가슴속 미열처럼 번져오는 고동이
발광하는 필라멘트가 되고
스스로 부신 빛에 두 눈 감아 보는 것이다
둥실 떠오르는 달의 아랫배가 부풀고 꺼지던 세월
햇살 쟁여 넣은 오후의 이슬에
묵은 하초 흠씬 적셔 보는 것이다

# 대접

찻잔의 받침처럼 감꼭지가 감을 받치고 있습니다
무릇 자연은 저렇게 예의 바른 것이어서
자신의 전부를 내어 놓는 감나무가 범절을 지키고 있습니다

뚝 떨어지는 홍시 하나

내 앞에 엎어놓는 감 한 접시

# 날개

새는
공기의 흰 어깨를 툭툭 치며
곧장 하늘로 오른다
발바닥을 저만치 밀치고
날개 자욱 선명한 공중을 오른다

몸 속에 허공의 통나무를 제단처럼 쌓아
깃털로
빳빳한 공기의 계단을 쓰는 것이다

저 계단, 상승과 하강 사이
펴지지 않는 절대의 주름 속에 숨겨진
힘을
접었다 폈다 한다

새는 공중에
계단을 활짝 펼쳐 놓고

# 구멍

말 속에 동굴이 있어
석순이 자라고 종류석이 솟아올라
거꾸로 매달린 박쥐들과 그 똥들과 이빨이 있어
오랜 세월 빛 보지 못했던
속 내장 말갛게 들여다 보이는 비단 개구리
그 개구리의 발딱이는 붉은 심장이 있어
한 번도 본 적이 없어
그저 피부의 한 점이 되고만 눈을 가진 물고기가 있어
몇 만년 부글부글 끓어 턱밑까지 차 오르다
거품이 된 어둠이 있어

말 속에 관이 있어
불소냄새 풍기며 지나는 수돗물이 있어
변기 통에 걸터앉은 설사의 내용이 있어
주방을 지나오는 하수구, 그 하수구에 걸려
구정물 거르고 있는 하얀, 이제는 검게 변한
갈치가시의 슬픔이 있어

그 슬픔 씻어내는 퐁퐁이 있어
모든 오물 다 훔쳐보았다는 듯 아무도 모르게
빠져나가려다
스스로 제 길 꽉 막아버린 행주의 막막한 고통이 있어

그것들 다 지나간 자리, 텅 빈
비어있어 스스로 울리는, 혼자 울음 우는
내 말의 빈 구멍을 나는 조용히 들여다보고 있다.

# 제2부

## 포유

젖을 빨던 아기가
빨던 젖을 놓고 어미의 눈을 빨고 있다
어미의 눈에서
젖보다 더 뽀얀 투명한 젖이 흘러나온다
깜박이던 눈짓에 젖이 고여
아기는 한동안 빨던 젖을 잊어버린다
젖은 흘러 출렁이는 강물이 되고
아기는 투명한 물결 속에서
헤엄치며 나올 줄을 모른다
발을 바둥거리고
발가락을 꼼지락거리며
손으로 물살을 가른다
어미와 아기 사이를 흐르는 저리 맑은 강
푸른 유선과 맑은 시선이
합류하는 강 상류

## 안경

가린다는 거
본다는 거
다 같은 일 아닌가
같은 모양 아닌가

아내의 브라와
아이의 안경이 한곳에 놓여 있다

세상 더 볼 게 많다는 듯
열일곱 딸애의 다리 꼿꼿한 시력이
세상 부끄러울 게 없다는
마흔 넘은 아내의 브라에 눈 흘기고 있다

애야
세상은 가릴 건 가리고
볼 것만 봐야 한단다 이르고 있는
호크 탁 풀어진 아내의 브라가

딸애의 안경을 슬쩍 걸치고 있다

# 용접

깊은 밤 상가집 부엌마루 처마끝
백열등을 스치는 빗방울이 번쩍인다
용접봉의 불똥 같다.

누가 저 지붕 위에서 용접을 하는가
구름과 구름과 어둠과 밝음과 하늘 자락과 처마끝 둥근 선과,
침묵한 그의 말과
소주를 털어넣는 내 입술 사이로 불빛이 떨어진다

저 낙수의 불꽃 속에 내가 친구를 조문온 게 아니라
나를 다니러 온 친구를 내가 배웅하는 게 아닐까
그를 돌려보낸 내가 술을 마시는지
나를 보내고 그가 잔을 비우는지

절을 하고 나오는 처마는 여전히 불빛의 불똥이 떨어져,

지붕위 하늘 자락에서 그가

단단하게 분리된 삶과 죽음을 붙이고 있다

# 외딴집 울타리

저 강 언덕 추수한 뒤의 보릿골을 맨발로 건너가는 늦은 봄바람의 뒷모습을 보았다. 사타구니 파고드는 보리 까끄라기만 봄 밖으로 밀어내고 있었다. 나뭇잎 켜켜로 누웠다 일어서는 여름 강, 출렁이는 물결의 기름진 피부가 강의 웃음인지 몰랐다. 한꺼번에 너무 많은 말을 하는 왁자한 가을 산을 돌아나가는 강물이 점점 냉정해지는 이유를 몰랐다. 앞선 계절이 침묵한 뒤 다급히 입다무는 겨울강의 가슴에 쩡쩡 금이 가고 있었다.

황혼이 치마를 벗는 저녁강가에 서 있었다. 격랑처럼 흘러 들어온 강물을 늑골 사이에 담아 풀어놓은 낡은 저고리 고름 같은 들길을 걸었다. 늑골이 부러지고 강물이 범람하는 들길 끝까지 걸었다. 들길 끝 외딴집 울타리 시월의 태양이 해바라기 꼭대기에 꿈을 촘촘히 박아놓고 울타리를 한 번 더 넘겨다보듯 그렇게 뒤돌아서서 내 생의 울타리 넘겨다보고 싶다.

# 봄

땅 속에서 누가 징을 치고 있다

산수유 어지럼에 넋을 잃은 들판, 온 몸에 아지랑이 스물거린다

폭포가 산의 이마를 두드리고 있다

중모리, 자진모리로 풀다가 휘모리로 짖찧는다

가지끝 거친 손가락 푸른 핏물이 번진다

아이들이 신명난 북채처럼 동네를 도는 아침

산정 바위의 정수리가 툭 터져, 해가 솟는다

# 정비공장 장미꽃

"닦고 조이고 기름치자"의
정비공장 담장에 장미가 피어있다
가시로 기둥을 죄고 있다

지난 밤
몇 잔 소주에 눈 풀려진 정비공 하나
휘청거리는 걸음으로 점심 먹으러 간다
자동차 하체가 내려놓은
정오의 골목을 돌아 밥집에 앉아 있다
수저로 입을 죄고 국물로 목을 풀고 있다
냅킨으로 어물쩡 입을 닦고
돌아오는 길 위에 튕겨져 나온 나사 하나
발로 걷어차고 있다
세상이 이렇게 느슨하게 조여져 있다니

태양이 풀어놓은 한낮을 점검하고
머리 헝큰 아내의 달이

저녁을 죄고 있는 퇴근 무렵
길 건너 불야성의 네온빛에 서성이는
마음은 더욱 헐겁다
세상을 한 바퀴 다 돌아도
언제나 한 발자국 비켜서는 생
조여진 너트가 풀려지듯 정문을 나서다
장미 꽃잎에 코를 박고 향기를 훔훔거리는 순간

누구인가?

몽키도 스패너도 없이
나를 죄었다 풀었다 하는 이

# 소읍산책

빛깔 좋은 사과를 많이 달고 있는 사과나무
언덕에서 바라보는 소읍의 야경처럼 환하다
저 불 밝히기 위해 가지를 떠받치고 있는 지지대
죽은 나무의 살아 있는 힘을 지나
사과나무 뿌리를 따라 걸어본다
세밀한 잔뿌리의 굽은 길을 한 발 한 발
마음의 세포에 돋아난 발들을 하나씩 드러내 보인다
골목길을 돌아서 모퉁이마다 지키고 서 있는
가로등이 밝다
가끔은 어두운 곳 더듬거리기도 하여
전지 당한 길들
잘못 들어 헛발 딛는 낭떠러지 아득하지만
누구든 길 위에 대문을 달아 자신의 집을 확인하듯
맺힌 열매는 또 한 세상을 건너가는 문이다
문을 열고 들어서면 따뜻한 방 한 칸
씨앗들은 그 속에서 자신들의 삶의 공간들을
멀거나 가깝지 않게 거리를 지탱하고 있다

그것은 표정 밝은 사과의 힘이다
몇 개의 사과는 불꺼진 창문처럼
검은 반점들을 껴안고 있다 때로는 상처가
생의 한가운데를 들여다 볼 수 있는 눈이었던지
한 모퉁이 썩은 사과는 달다
빛깔 좋은 사과를 많이 달고 있는 사과나무
언젠가 스친 적 있는 소읍의
빛이 밝거나 불꺼진 창문 속에서
뿜어져 나오는 그 힘을 생각한다

# 너무 많은 신

저 높은 곳은 신이 기거하는 곳.

우리에게 일용할 양식을 주시고

물 묻은 지상의 일들을 지나

풍랑의 하루를 건너는 배를 띄워주셔…

정박한 여기,

오늘도 신의 구토물인 나는

뒷꿈치 바짝 들고 두 손으로 신을 받들어

더 들어갈 틈이 없는

선반 위 신발장에 신들을 꾸깃꾸깃…

# 장미

저 넝쿨 장미는 천개의 혀로 일만의 말을 하는 중이다

목울대를 올라오는 가시돋힌 말들을 몸 휘도록 삼키는 중이다

온몸에 꽃범벅 가시 범벅,

혓바닥이 푸르다.

# 다리미

너를 펴주마

달구어진 몸으로 일생을 배밀이하는 내생의 온전한 첫 걸음으로

네 다리며 가슴이며 관절이며

뜨끈뜨끈한 혓바닥으로 네 생의 굴곡을 문질러 주마

네 터럭과 피부가 옷이였던 시절은 까마득한 옛날.

관절이 물고 있는 말랑한 겹겹의 일상들

자글자글한 너의 몸 빳빳하게 아주 죽여주마

한 입 물을 뿜어

네 음습한 정신의 똥구멍을 핥아주마.

# 길

여자들
다리 사이에 길이 있다
그들은 그 길 위를 달린다
어머니의 바톤을 이어받아
아내가 달리고 딸이 달리는
그 뒤를
또 한 어머니가 달린다

시작과 끝이 맞닿아
자신들의 몸을 말아 펼치고 다시 말아 펼치는
그 둥글고 질긴,
나는 그 길을 걸어왔고
오늘 그 길을 걸어간다

한 채의 절간 같은 상여를 앞세우고
나는 으흐 으흐,
어머니는 와불로 누워서

흔들흔들 춤을 춘다
결승점을 통과하는 승자처럼 덩실덩실

어머니를 땅 속에 묻으며
나는 내가 펼치는 길이 궁금하다
딸애가 초경의 혈흔 속에
몇 마리의 잉어를 기르는지
엄숙한 하관식의 구덩이가 무엇을 닮은지

잘못 딛은 발자국 같은
딸애와 구덩이, 그 사이, 그 아득한
길 한 켠에 몇 삽 흙으로 무덤을 만든다
긴 여정의 멍울 같은 길 하나 뭉친다

불룩하게 솟아오른 어머니의 두둑을
파헤치며 짓밟으며

# 낙동강 오리알

낙동강은
경북 안동 문경 예천 상주 좁은 들을 지나
그 어디 중간쯤
끝없이 넓고 깊고 환한 인터넷 들을 거쳐
경남 삼랑진 김해 부산 남해로 흐른다

낫대신 키보드로 나락을 수확하고
키보드로 고길 잡고,
키보드의 사랑과 키보드의 증오와 키보드의 수심과
너 뒤에 숨은 너 말고 나 뒤에 숨은 나의 익명과
키보드의 미래와 키보드의 우주
아까 떠오르고 또 떠오르는 키보드의 해돋이
너무 잔혹하지 않은 키보드의 살상과
모든걸 다 채우고 일순간 지워지는 키보드의 세상이
부산 김해 삼랑진 상주 예천 문경 들을 적시며
낙동강을 거슬러 올라 밤 이슥토록 게임을 하는
초등생 아이의 책상을 흥건히 적시고 있다

그 강에서 수영하던 아이가 화장실 가면서
컴퓨터를 껐다 켰다 할줄 모르는 내게 이르기를
아빠 컴퓨터 만지지 마세요 한다.

낙동강엔 오리가 산다.

# 옆집 허물기

그는 옆집에 산다 기둥을 몇 개 세우고 닫을 수 있는 창을 방마다 만들고 지붕을 두껍게 덧씌운 우리 집, 흙을 파내고 시멘트와 철근으로 굳건하게 지은 우리 집 옆집에는 그가 산다 그는 우리 집 사정을 잘 안다 가족의 숫자며 내가 출퇴근하는 시간 애들의 놀이시간 혼자 남은 아내의 시간들을 잘 안다 가끔 그와 인사를 하려고 하면 그는 기분이 좋은 지 집 전체가 흔들리도록 아는 체를 한다 그는 그의 집을 흔들며 산다 그는 종일 집안에서 물구나무를 서 있다 그는 늘 그렇게 혼자 집을 지키고 있다 그는 자신이 사는 집을 직접 지었다 설계며 기초공사와 다 차지하지도 못할 그 많은 방들을 혼자 꾸몄다 그는 남 몰래 집을 짓는다 그는 자신의 집에 잘못 찾아든, 길 잃은 자들을 반기며 산다 그는 항상 나보다 높은 곳에 있다 높은 곳에 있으면 그렇게 해야 하는 것처럼 부른 배를 보이며 거드름을 피우듯 팔 다리를 벌리고 당당한 모습으로 나를 내려다본다 그런 그는 자신의 생존법을 잘 안다 기다림이 최대의 공격임과 고요는 최고의 전략임을 그는 알고 있다 움직이지 않으므로 생존하는 생존하기 위해 숨죽이는 그는 아마도 뛰어난 처세가인 지도 모른다 낮이면 홀연히 바람을 딛고 서 있는 듯 하다가 밤이면 그의 창문에 장군의 징표처럼 별을 몇 개씩 내걸기도 했다 그가 집을 비우는 때도 있다 비오는 날이면 그는 집을 비운다 그러나 나는 그의 행선지를 모른다 다만 아무도 없는 그의 집에 빗방울만 창틀을 타고 논다 그의 집은 크다 창이 백 개가 넘는 대저택이다 그의 집은 너무 맑아 모든 창에 별이 뜨고 빗방울도 바람도 창에서 자유롭다 창과 별과 바람과 빗방울이 어울리는 집 우리 집 처마와 맞닿은 오래된 배나무에 기대어 지은 집 우리 집 옆집, 줄로 만든 집 거미집을 나는,

빗자루로 슬슬 걷어내고 있다

# 절정

담장 위에서 저렇게
자신을 확연히 드러내 보이는 붉은 장미는
얼마나 몸 밝은지
제 모습에 덧칠된 빛깔에 취하지 않으려
몸 속에 들이대는 가시는
얼마나 차가운지

가시와 꽃잎이 서로를
절반쯤 죽여주는
죽은 가시와 죽은 빛깔이 만들어내는
세상의 담장 위를
가시가 달려가고 꽃잎이 달려가고

# 가을

나무들이 짐승이 되어가고 있다

산등성이 폭포를 건너뛰는 맹수들 후두둑 타오르는 불기둥, 그 울음들

제 몸에 火印을 키워가는 발자국들.

스스로의 화염에 휩싸인 잎들, 푸르름에 심겨진 불꽃의 뿌리들.

마을로 번지는 불길 잡으려 밤 밝히는 사내 하나

밤보다 붉은 눈

# TV, 꽂지다

아나운서가 대뜸 나에게 하루를 보고한다

내용땜에, 마침 떨어지던 복사꽃잎 꽂진 자리가 자꾸 헌다

일전에 TV를 켜자마자 궁예가 나에게
내일까지 성을 함락하라 명령했다
그날 밤 나는 한숨도 못 잤다
내게는 무기도 없고
병사란, 수북하게 쌓인 등급은 복사꽃잎 뿐이였다

전략과 전술 없인 세상을 살아가기 힘드나보다
나는 역사에 죄진 게 많다

아침에 일어나보니 마당가 복사꽃잎 다 쓸려가고 없다

역사만큼 우스운 것도 없다

언젯적 일을 나에게 명령하다니

불륜이니 이별이니 하는 TV 앞에
내가 아직 지지직거린다.

# 제3부

# 별꿈

별이 빛나는 밤엔
입을 크게 벌리고 자자

밤새
수많은 별 중
그 중 작은 별들이
몇 알 입 속에 들어오면
뱃속엔 환한
별들의 잔치
별들의 꿈을 꾼다

별이 빛나는 밤엔
입을 한껏 벌리고 자자

# 나팔꽃

한 가닥 줄을 타고
나는 오른다

허공에 몸 슬쩍 기대가며
중심을 돌고 감아
멀리 돌아가는 어지럼이
내 삶의 여유다

벌 한 마리 몸 속에 들어와
나팔을 대신 불어주고 가는 오후

날개를 접었다 폈다
꽃을 극복하고
끝없이 중심을 이동시키는 나비는
어디를 오르는가

나팔꽃씨 까만 눈

줄 감아쥔 손
뒤돌아보니
아득하여라 저 길, 곧다

## 백미터 달리기

시간과 거리가 팽팽하게
차려진 밥상.

저 결승점을 먹으리라

타앙!
총성보다 앞서가는 식욕의 발바닥을
목젖 얼얼하게 삼키리라

심장과 폐부, 뼛마디로 전해오는
땅의 살맛

시간은 얼마나 질긴 가죽인가
거리는 얼만큼 큰 뼈다귄가

어느 부위를 뜯어야 생의 상강육,
하얗게 핀, 꽃,

그 살점을 맛볼 수 있나

팽창된 보폭이 물어뜯는
발가락이 맹렬히 씹어대는 땅바닥
휘젓는 손가락, 그 충혈된 팔의 이빨이
찢어 발기는 시간들

물어 뜯으리라. 닿는 순간
스쳐지나고 마는 생의 결승점을, 한입에 콱

# 익혀지질 않습니다

한 주검 앞에 몸 지핀다.

이제 막
지상의 숨길 놓으신 어머니
어린 뼈 살 입혀주던 손을 잡고 나는
내 늑골의 장작을 지핀다.
굽은 내장을 지핀다.

어머니는 태워지지 않으시고

— 애야, 몸 상할라 —
이제는 없는 말씀 앞에
심장의 박동과
부풀어 오른 간의 빛깔을 태운다
더듬거리며 따라 걷던 세상
지난 발자국이 가슴에 기름을 붓는다.

어머니는 구워지지 않으시고

죽음은 하나의 부싯돌
한 번 죽은 것들만 다시 살아서 오라
컥, 컥 마른 호흡 풀무질로 젖은 육신 타는 밤
눈물 콧물 내뱉는 숨
구멍 있는 데마다 불길 치솟는다.
가슴속 잉걸불이
서녘의 달 하나 소지 올립니다 시신 푸른 어머니

익혀지질 않습니다.

# 입술

저 둥근 입을 한 바퀴 감고 있는
뱀을 봐요
꼬리에 꼬리를 물고
무한으로 돌고 있는
두 마리의 뱀 속에 똬리를 틀고 있는
말을 봐요
혓바닥 사이로 보이는
몸 갈라진 냉혈의 말
치명의 독은 가장 맑아
독의 이빨에 맺혀
섬짓 떨어지는 말을 봐요

# 꽃들은 밤길 걸어

감꽃 지는 소리에 마당에 나섰더니
꽃 진 자리처럼 떠오른 달이
산과 강과 들의 문을 열어
마당으로 한 발 스윽 들이미네

저 달은,
세상 길들을 실처럼 꿰고 있네
달이 나를 한 땀씩 떠 가네
달이 깁는 성긴 밤

꽃들은 밤길 걸어 어디로 가나

손에 손에 등불 켜고 아침 맞으러 가는
세상 꽃들이 다 옳다고 말한 건 참 잘한 일이네

# 갈비집

손님이 떠난 자리에 뼈들이 즐비하다
소, 돼지의 갈비뼈다. 아니 내 늑골이다
한바탕 이윤이 태양처럼 떠오른,
이제는 지고 난 식탁

나는 저들에게 소, 돼지의 목숨을 빙자해
내 가슴뼈를 제공한 것이다
무엇이던 팔아야 살아남는
매판시대의 부응을 위해

이제 내 푸른 폐부와 붉은 심장을
가릴 건 아무것도 없다
오로지 맨몸, 한 지름 살점으로 밀고 나갈 뿐
잔혹한 치부致富의 양식樣式이
몇 인분 저울로 팔려가는 지금

"여기 추가요"

저쪽 손님이 몇 인분의 나를 주문해
숯불에 얹었다.
내 정신은 불 위에서 지글지글 익는다. 아니 꿈쩍없다.
등이 타도 혼자는 돌아눕지 못하는, 의식 오그라들고
기름기 흘리며 연기만 낼 뿐

누군가의 뼈들이 식탁에 살아 있어
내 몸은 온전하다
삶은 서로의 목숨 주고 받기

치지직, 식탁 위의 도살과 광기는 언제 굽히는가
얼마에 빛나는가

타는 몸, 꿈틀 마음을 뒤집는,
저녁 싯뻘건 숯불

# 소금쟁이

한 번 딛으면 그 파문이 세상으로 번지는
저리도 큰 발자국을 만드는
소금쟁이가 되고 싶다
표면 장력이 떠받치는 물러터진 세상을
저렇게 굳은 듯 턱 버티고 싶다.

까짓 웅덩이면 어떠랴
이 곳에도 하늘이 있고 구름이 있고
소문처럼 번지는 바람이 있어
온전한 말과 정신이
커다란 함정으로 웅크리고 있는
온몸이 파문인 세상

철모르는 아이들 첨벙대지만
처세에 가벼운 몸 잠시 비켜서면 그 뿐
서서히 탁해지고 좁아드는 세상
내 발자국이 일그러지랴

물 속 하늘이 마르고 구름이 닳고
바람 건성으로 불 때
다른 웅덩이에 슬쩍 비켜서서
몸 가볍게 톡톡 튀어 오르면 그 뿐.

# 목련의 방

이게 얼마 만인가
실직하고 가족 흩어져
눈발처럼 떠돌다 아침이 문득
아득한 절벽으로 다가서던 날
그 절벽을 밀고 올라오는 봄이
장만해 주는 한 칸 방
바람 무시로 드나들어
문풍지로 흔들리던 마음에
개나리 벽지를 바르고
창 밖 뒷산엔 진달래 커튼
먼 데 풍경과 함께 담장 너머
목 길게 빼고 넘겨다 보는
목련의 방은 환하다
누구나 자신의 방문 열어 보이기에
주저하지만 가슴 한 켠에
가끔은 전기가 나가기도 하는
등 하나씩 달고 있다

집 단장을 다 하기도 전에
옷가지며 세간 풀어놓기도 전에
나비와 새들이 집들이 온다
몸 가벼운 이웃은
봄 햇살보다 더 따뜻할 때가 있어
무너진 담장을 보수하는 팔뚝에
푸른 핏줄이 불끈 솟는다
지나온 흔적들을 벽돌로 쌓아
만들어가는 세상은 단단하다
막 봄 일을 끝낸 목련꽃이
후줄근한 작업복을 마당에
툭툭 벗어 던지고 있다.

# 상표, 상표

검은 양말의 상표 같은 달이 뜬다
루이뷔똥, 구찌, 입생, 프라다…
진짜보다 가짜가 밝은
세상에 붙이는 밤의 상표

오랜 세월 달빛으로 살았다
어둠이 달을 상표 붙이지 않았다면
나는 밤을 몰랐겠다
아니
밤을 알고도 어둠을 샀는지 모르겠다
달빛이 던져주는 야릇한 어둠의 세상
그 완제품의 밤

그 동안 소비한 달빛이 참 많습니다
벌레의 몸으로
장수하늘소의 이름으로 살았던 밤이 깊고
달빛의 양말을 신고 마을을 누볐습니다

달이, 구멍난 양말의 발가락처럼 떠오릅니다

## 돼지문자

1

지글지글 뒤집어지는
문자의 비계
문자의 삼겹살

2

문자의 창녀여
돼지의 몸을 받들어 온 몸을 떨어라
냄새는 곧 정신인 온 몸이 죄다 음식인
돼지이면서 문자이면서 시인 나는
치욕의 교미로 네 정신 속에 악취의 바늘을 주사한다
썩은 언어의 자궁을 끌어안고 눈물이나 닦아라
나는 나의 새끼를 낳아 돼지로 키울 것이다
아니 문자로 키울 것이다
몸 속에 습진처럼 번지는 냄새의 시로 키울 것이다
문자 속에 꿈틀거리는 정충의 혼돈
나는 똥 속에 빠져있는 문자의 깎아낸 발톱

3

사물을 말의 부지깽이로 쑤석거리면
껍질이 생긴다
사물을 문자의 망치로 두드리면
말의 말간 얼굴이 튀어나온다 썩지 않는 비듬 같은

4

이봐요 나는 세상 모든 문자의 찌꺼기를 먹겠어요
그래서 시를 배설하겠어요 사물을 싸고 있는
희고도 검은 보자기를 풀겠어요
저 홀로 문자가 되지 못하는 사물의 자궁 속에
시의 정충들을 쏟아 붓겠어요
그리고 몇 달의 냄새의 밤과 포식의 낮을 보낸 후
문자의 달덩이 같은 새끼를 수없이 낳겠어요
그 새끼들이 우리 속을 뱅뱅 돌다
제 어미의 엉덩이에 깔려 죽는다 해도
너의 똥더미에 묻힌다 해도

# 녹, 봄봄

서너 살 계집애가 맨땅에
사타구니 사이로 녹물을 찔끔 흘리는 봄
허공이 녹슬면 꽃이 피는가
홍매화 가득한 뒷뜰 그쪽 허공이 녹슬었다
어머니를 땅에 묻고
한 사람의 생애를 갈무리하는 무덤이
너무 얕아 슬펐던 그 슬픔도 녹슬었다

일순간 무너지는 건물처럼 봄은 온다
무너지는 것들,
삭아 가는 것들의 힘이 폭발하며 오는 봄을
지탱할 수 있는 건 어디에도 없다
잎 몇 장 달아 폐허를 확인하는 고목
파편처럼 튀어오른 희미한 낮달의 미소
죽은 나무가 거느리는 풍경을 새기며
봄은 지금 진공상태를 건너고 있다
지구의 중력이 미치지 않는 저쪽,

허물어진 건물의 철근 같은 잎 없는 나무들
드러난 허공의 늑골들
그 늑골에 꽃잎이 묻어 허공은 한번 더 녹슬고
부서진 봄 몇 조각 거두는 영산홍
저 노회한 꽃잎은 땅 위에서 얼굴이 붉다

봄을 부식시키는 빛깔이 지천으로 번지는 봄
오줌 누는 계집애의 보이지 않는 경련처럼
녹슨 꽃잎을 밀어내고 바르르 전율하는 봄

# 둥근 아픔

구름 속에서 달이 쑤욱 빠져나오고 있었습니다

고봉밥 흰쌀밥을 숟가락으로 푹 떠 나르던 시간입니다

닭이 막 알을 낳고 따끈한 울음을 울고 있습니다

닭 똥구멍 둥근 아픔을 허락하는, 저녁입니다

# 제4부

# 겨울 고목

누가 저 고택 서가를 자물쇠로 콱 잠궈 놓았나

수천 수만 권의 책들 책 속의 활자들 바람 불 적마다 우우우.

대문 삐걱이며 들어서는 초승달,

캄캄하게 읽혀지는

## 강

아버지의 신발을 신고 거리를 나선다
골목아 좁아져라
집들아 작아져라
지나는 강아지야 내 말 들어라

아버지의 신발을 신고
세상을 걸어보려 한 적 있었다
신발에 작은 발을 쓰윽 넣고
거리를 나서면
뒷꿈치 남은 자리 그 좁고 어두운 공간이
내가 건너야 할 강이였다

세상의 강이
건너기 위해 흐르는 건 아니었지만
나는 내가 건너야 할 그 강에
띄울 배를 여태 만들고 있었다

세살바기 아들이
벗어놓은 구두를 신고 거리를 나선다

작은배 한 척 강기슭을
찌걱거리며 떠난다

물결이 배보다 한 발 먼저 닿는 강

# 낙동강

저 강에 허리 한 번 휘둘렀으면,

어느 질긴 끈이 저 강만 하랴
우리에겐 두름처럼 허리 엮인 짐승의 역사가 있어

풀어놓고
풀어놓고

강의 허리춤에
헤진 정신 짚신처럼 동여매는 사람의 이야기가 있어
오랜 여행 끝에
보자기 펼쳐놓는 들판이 있어

타는 혓바닥 붉은 눈동자에 몇포기 모를 내고
하늘 몇 삽 퍼다 가슴속 던져 넣던
지난한 세월이 있어

오래 걸어온 길이 튼튼한 다리가 되듯
우리는 또 그렇게 걸어야 한다
강의 깊이로 걸어왔듯
저 강이 굽었다 아무도 말하지 않듯

처음 몇 걸음의 결심으로
제 가슴에 비수꽂는 폭포의 정신으로
푸른 강의 허리를 휘두르며
자갈과 모래가 흐른다

# 꽃꽂이

목에 줄 매인 개처럼 꽃이 피어 있다
목에 줄을 달고 자리를 지키고 있다

여러 겹 견고한 말뚝에 매여 있는 꽃들은
그릇에 눌어붙어 있는 개죽을 긁어먹듯
꽃잎에 묻어 있는 내 눈동자를 핥아!
눈 속으로 혀를 밀어 넣어 내 머리 속을 핥아!
꼬리치는 빛깔과 향기로 내 생각을 찍어!

내가 손으로 머리를 쓰다듬자
혀로 손등을 간질이는 꽃들은 이빨 없는 길들인 짐승

한 시절 목 매여 살았습니다
침봉에 밑구녕을 꽂은 채
순종과 굴종의 밥그릇을 약처럼 핥으며

개 같은,

꽃이 피어 있다.

## 주검의 증거

종이 위의 글자는 종이의 흰 뼈다
붉은 핏줄이다
몸 속을 꿈틀대는 정충이다

나를 지탱하는 몸 속의 흰 뼈
그 뼛속의 뼈가 내 생각이듯
어디든 닿아서 기진하는 마음이듯

책 속은 들끓는다
머리띠를 두르고 주먹을 불끈 쥔
부릅뜬 눈으로 구호를 외친다
책장을 들치고 세상 밖으로 나가려는 문자들
화염병을 던지고 쇠파이프를 휘두르며
검은 종이 위를 달려가는 문장들

나는 본다 뼈 있는 세상
살아 있는 그 뼛속을 읽는다

어두운 사각의 감옥
오래 닫힌 여인의 문전에서
수태를 꿈꾸는 언어의 눈동자를

세상에 드러낸 한 마디 말이 굳어
다시 사람이 되는
언어는 발기한다
글자들은 봉기한다

산 자로부터 죽은 자에게
죽은 자로부터 산 자에게로 여행하는
정충의 정거장 책을 펼치면
하얀 평면 위에 각혈하듯
벌떡벌떡 일어서는 문장들

# 폐차장에서

중고 배터리를 구하러 간 폐차장에서
한 사내가 자동차를 뜯고 있었다
술에 취한 듯 간신히 몸을 지탱하며 손으로
쌓여진 길들을 더듬고 있었다
빨간 티코와
검은 벤츠 사이에서
숨가쁘게 달리다 일순간 멈춰버린
찌그러진 스쿠퍼를 분해하고 있었다
"이렇게 구겨진 길은 처음이야."
형체도 분간할 수 없는 차 속에서 그는
속도를 부활하는 재생의 길을 분해하며 지껄였다
햇빛이 아직 가본 적 없는 폐차 앞쪽을 비추고
그의 눈빛은 그 길을 더듬고 있었다
"지독한 길이군."
수많은 길과 속도가 타래로 엉켜서
한 발짝도 움직일 수 없어
멈추어진 심장을 이식하듯

내가 배터리를 갈아 끼우는 동안 그는
큰 나무처럼 그림자가 드리워지는
트럭 아래서
남아 있는 소주를 나발 불며 독을 뿜었다
몇 모금을 더 불더니 그의 지독한 길이
화살처럼 가슴을 찔렀는지
짐승의 발라놓은 살점 같은 부품 위로 쓰러졌다
옆에는 수많은 바퀴들이 길을 품고 서 있었고
한 번 접혀진 그는 어깨를 펼 줄 몰랐다
폐차장 귀퉁이에서 그의 속도는 재생될 것인지
시동을 걸다가 돌아본 그의 등뒤에
절단된 햇빛이 널브러지고
입구 쪽에서 견인되어 오고 있는
종류를 알 수 없는 차 하나
그의 몸을 조금씩 일으켜 세우고 있었다
폐차장을 나오는 바퀴 위에서 나는
서서히 액셀레이터에 힘을 주었다.

# 자동차와

열쇠를 넣어 문을 연다
마지막 조립되는 볼트처럼 몸을 밀어 넣어
정확하고 안정된 자세로 자리를 잡는다
어깨에서 가슴으로 허리를 지나는
벨트를 조여 완벽하게 스스로 조립되어진다
볼트와 너트의 간단한 결합이
얼만큼의 기능을 하는지 아는 것이다
다시 한 번 은밀하게 열쇠를 좁은 구멍으로 밀어 넣고
비틀 듯이 돌려준다
자동차는 단 한 번의 손길로 온몸을 떤다
정지된 속도가 문을 연다
능숙한 여인같이 모든 감각기관이 눈을 뜬다
연료가 분사되고 피스톤이 움직인다
몸 속에 다져 넣은 욕망의 부풀기로
실린더가 뜨겁게 달아오르면
속으로만 들끓던 시선이
전방에 놓여진 속력의 무리들을 삼킨다

절정에 뻗는 다리처럼 엑셀레이터에 힘을 준다
압축된 속도와 감각이 폭발하는
엔진 깊은 곳에서
차체 밋숀 휠 본네트 시트로 번져오는 오르가슴
거기에서 몇 번이고 브레이크를 밟아야 했지만
정작 발이 닿는 곳은 엑셀레이터였다
기관의 떨림과 감각의 일치점이
모든 제어 기능을 뺏은 것이다
그렇게 한 몸이 되었다
여운처럼 몸을 떠는 자동차와 섞여지는
수많은 속력들이 절명하는 길

# 클릭

1

생각이 몸을 슬며시 빠져 나와
대문 앞까지 굴러온 달을 들추고
그 뒤쪽으로 트여진 샛길을 산책한다
어린 날 흩어진 구슬을 모으듯
꿈처럼 뿌려진 푸른 맥박의 행성들을 점검하고 돌아와
떨어지는 낙엽 위에 가만히 내려앉는
어느 성좌의 쓸쓸한 평화가 되기도 한다.

2

태양의 언덕에서 가상의 기억이나 희망을 경험했다
물과 불이 잘 섞여 흐르는 강가에서 사람들이
세모난 네모 모양을 한 꿈을 공기 받고 있었다
강을 건너 세상 쪽으로 넘겨진
이름지을 수 없는 꿈들이 춤을 추고 있었다
몸이 강물로 되어 있는 사람은 강 위에 목을 내놓고
자신의 몸통을 생각의 보를 넘겨

어디론가 끝없이 흘려보내고 있었다
부모를 낳았다는 사람들의 잔등엔
부러진 시간의 가지들이 거꾸로 자라고 있었다
그들은 시간과 영혼과 물질을 마음대로 섞어
새로운 세상을 엮어내고 있었다
일생을 가상의 현실 속에서 살다 죽은 자에 의하면
이곳엔 모든 존재와 부재가 완벽한 자유 속에 있으며
현실의 세상은
가상의 세계 속에 잠시 클릭된 입자로 된 화면이라 했다.

3

그의 뇌와 나의 뇌를 바꾼다
꿈이 증발된 머리통을 열어보는 수술은 간단했다
몇 개의 감각의 키보드를 두드리고
드러난 뇌를 푸른 달빛에 헹구는 일과
시각과 청각을 각각의 생각 속에 주사하고

서로에게 부족한 감각들은 몇 개의 성능 좋은 칩 위에 떨구어진
한 방울 가상의 눈물로 대신했다
바꾸어진 뇌로 우리는 부활했다
그의 생각으로 내 팔다리가 움직이고
내 심장의 뜀박질로 그는 생각했다
나의 이상과 꿈이, 사랑이, 고통이, 청춘이, 죽음이
온전한 그의 모습으로 다가왔다
생각과 눈물, 절망과 공포로
조금씩 섞여진 어두운 희망의 호기심으로
우리는 새로 태어났고, 영원히 사라졌다
세상을 이름짓던 자의 발자국 소리가 점점 멀어졌다.

# 공기의 소沼

1

돌이킬 수 없는 숨을 쉰 뒤
몸을 더듬는다
거기에 푸르고 두터운 공기의 소가 있다
세상을 힘겹게 걸러 떠받치고 있는
촘촘한 그물코의 공기
나는 날마다 공기를 살해한다

나의 들숨은 너무 깊었다
숨들이 쌓인다
그중 일부는 뼈가 되었다
공기를 발라먹는 사람
공기의 이파리를 한 잎씩 뜯어내자
공기의 가슴이 드러났다
자신을 향해 적의를 드러낸
날카로운 공기의 창槍

2

누구나 공기의 소에 던져진다
어미는 밀어낸 새끼만큼의 공기를
뱃속으로 빨아들이고
그 공기만큼 죽어간다
새끼는 제자리가 낯선 공기로 채워져
무섭게 울지만, 원래
그 자리는 그의 자리가 아니었다.

3

거대한 공기의 강이 흐른다
강 속에 잉어가 있었다
폭포로 쏟아지는 공기의 물기둥에
정수리를 수만 번 두들겨 맞고
아가미의 핏줄이 툭툭 터져
공기의 실핏줄이 터져
소를 핏빛으로 물들일 것 같은,

잉어는 한 번의 들숨을 위해
숨구멍이 온통 피칠이다.

공기의 폭포에서 피어나는
한 방울의 기포가 있었다
아가미를 스쳐 나온
그래도 붉은 피가 묻기라도 한 것 같은

# 문

옹알이 하는 아이를 보다 생각한다
열려 있는 건 다 꽃이지
만개한 생각의 꽃잎 속을 탐닉하고
날아가는 말들은 무슨 벌일까
아이의 얼굴을 들여다보면
눈에서 입에서 코에서 또 귀에서
잉잉거리는 벌들의 소리가 들린다
알 수 없는 곳에서 날아와 꽃술을 더듬어
다리 사이에 꿀을 발라 어디론가 떠나는
분주한 벌들의 날갯짓 사이로 언뜻
문을 여는 아이의 얼굴이 보인다
세상이 전생 쪽에서 열려 있는 꽃이라면
아이는 세상 쪽에서 열어놓은 꽃이지
웅웅거리는 벌 때문에
정신 아득해지는 꽃술처럼
아이가 하는 말의 촉수에
내 몸은 한세상의 안쪽으로 열려 있다

열려 있는 문을 또 여는 것은 문을 닫는 일
내가 어르고 있는 아이는 지금
말의 겨드랑이에 꿀을 발라
빗장 지른 대문 키 높은 담장을
이렇게 넘나들고 있다

# 손톱깎기

봄이 온다는데 할 말이 없어
창가에 앉아 손톱을 깎는다
잘못 돋은 말들의 손톱을 깎다
밖을 보니 저 나무
할 말 있다는 듯 싹을 내민다
겨우내 울대 울컥이다 목젖이 얼어
가끔 외마디 비명을 지르던 가지에서
한 마디씩 말이 트인다
엷게 삐져나오는 연둣빛 말들은
함성이 되고 나는,
저 함성들이 만들어낼
또 다른 말들을 생각하고 있었다
말은 저렇게 해야 하는 것을
너무 들여다 깎아
욱신거리는 생각의 흔적 위로
사나운 바람이 입을 막듯 봄밤을 몰려 다녔다
뜰이 유난히도 시끄러웠던 아침

등 굽혀 아린 손톱자리를 만진다
뿌리보다 무성하게 자랐던
말들의 잎을 본다
뿌리까지 닿지 못하고 삭정이로 부러졌던
내 말들의 가지를 본다
깎여나간 손톱은 가시가 된다
수런거리는 뜰에 서서
가지 끝에 돋아나는 말을 본다

# 하회마을에서

아내와 안동 하회마을에 갔었다
모래를 방석깔고 둥글게 앉은 마을
마을을 돌아 강건너 깎아지른 절벽과
대비를 이루는 부드러운 곡선 위에
아내와 다시 마주 섰을 때
우리는 결국 마을을 돈게 아니라 강을 돈 것이었고
그때 아내는 만삭의 몸이었다
하회에서 내 몸 속 오랜 세월
강물을 받아치던 절벽의 기운이
잠시 숨을 고르고
급한 성미의 물결에 볼을 부비는
모래사장의 두터운 포용을 만난다
같은 형상으로 둥글게 휘어진 안과 밖의 세계
거기에는 부화하기 직전
껍질 속에 번지는 알의 힘이 있었다
내가 태어남의 시작이었던 어미의 뱃속
그 회돌이가 그러했고

과일 껍질 속 익어가는 과육에 쌓이는
부드러움이 그러했다
먼 세상 어느 마을을 하회한 강이 지금
아내의 뱃속을 돌고 있는 것일까
그 둥금 위에 서 있는 내 가슴속 절벽을 받아치는
강물의 힘을 나는 온몸으로 막고 있다
절벽과 모래 사이
허물어지고 쌓이는 접경을 만들며
강이 돌아가고 있다

## 폐광촌

늦은밤
어둠에 익숙한 작업복을 입고 갱도를 향한다
갱도를 막고 있던 달이 뽑혀져 공중에 버려져 있던 그날
채탄부 몇 명이 규폐 판정을 받았다
기침을 할 때마다 괴탄의 불꽃처럼 눈에서 불빛을 뿜었지만
아무 곳에도 불 붙지는 않았다
탄더미에 깔렸던 몇 명은 그 후 침묵했다
휘어진 레일 같은 미망인의 검은 눈물에 섞여
아이들의 울음이 갱도를 타고 흘렀지만
없었던 일로 만든 것은 몇 장의 지폐였다
아직 붙지 않은 불을 끄려는 듯 골짜기에 비바람이 분다
한동안 그들의 곁에 묵묵히 서 있던 나무들은 본색을 드러내고
미친 듯 설쳤다

자신의 폐부를 들어내던 산은 기어이
검은 피를 강으로 토해냈고
그 강에 빠져든 사람들은 아무도 돌아오지 못했다
살아남은 자들은 비계를 한 입 물고 역전 정육점 시궁창에
욕지기를 해댔고 가끔씩 흰 이빨을 드러내고
마주보며 웃음을 짓기도 했다
막장엔 그들이 뱉아 놓은 몇삽의 가래와
쿨럭이던 시대의 기침이 화석으로 굳어 있다
그들은 밤의 구실이 되어주는 탄덩이며
한 개비의 장작이었지만 그마저 아는 자는 없었다
해가 지면
산 속에 묻혀있던 오랜 침묵의 어둠들이 골짜기를 점령하고
수 없이 검은 꽃들을 꺾어 날랐던 보상으로
그들의 상처난 가슴만큼의 어둠을 지급했다
간혹 거부한 자도 있었지만 시간은 정해져 있었다

산의 내장 깊숙히 골짜기의 어둠을 거두어 들일 때까지.

이곳엔 낮과 밤의 경계가 없다
해가 뜨는 자리와 그 두께가 분명치 않다는 걸 아무도 모른다.

□ 발문

□ 발문

# 자연과 시

## – 엄재국의 시세계

장석주(시인, 문학평론가)

1.

근대 이후 한국인들의 삶은 수난과 불행으로 점철되어 있다. 현대 한국 시인들은 개항과 식민지 지배, 전쟁과 분단 상황, 압축 근대와 군사독재를 낮은 포복으로 거치며 그 방외인의 쓰라린 경험들이 내면에 만든 무늬들을 언어들로 건져 올린다. 그이들의 시가 이렇듯 시대를 가로질러 건너가는 횡단적 운동의 시가 된 것은 불가피한 바가 있다. 그이들은 상상력의 역동성과 변화에의 열망으로 삶과 현실을 직관하며, 시대의 징후적 표상들을 고안하고, 그에 대한 인식의 확장을 이루어내는 것을 시적 목표로 삼았다. 대개 새로운 시적 이미지들은 시대의 징후적 표상들일 때가 많다. 그래서 한국의 대표적 시인들의 시는 시대에 대한 의미 있는 표상적 이미지들을 머금고 있다.

현대 한국 시인들이 보여준 시적 인식과 상상력의 스펙트럼은 매우 넓다. 근대 초기 「폐허」와 「창조」 동인들의 도저한 퇴폐 미학, 김소월과 한용운의 한과 애상이 빚어낸 님의 시편들, 식민지 시대 이상의 첨단 모더니즘과 정신분열증의 과잉, 백석의 웅숭깊은 토속성, 윤동주의 내면적 도덕주의, 정지용의 세련된 수사, 서정주의 악마적 탐미주의, 4 · 19혁명기에 정점으로 도약한 김수영의 광기를 머금은 속도, 삶의 불확정성과 모호함을 투명한 명료성으로 바꾸는 황동규의 지적 세련성, 넓고 깊은 고은의 민족주의적 감수성, 김지하의 수난과 불행을 낳는 현실에 응전하는 치열성, 농촌이 해체되며 삶의 터전을 잃고 떠도는 평민의 애환에 주목한 신경림의 떠돌이 이미지들은 시대의 중요한 표상적 이미지들로 현대 한국시가 일궈낸 중요한 문학적 생산물들이다.

현재 한국시단의 중추를 이루는 중견시인에서 신진시인들의 상상력은 매우 넓고 다양해서 그것을 단순하게 유형화할 수 없다. 삶의 기쁨과 슬픔, 그리고 상처를 표현하는 시인들의 인식과 상상력은 그 깊이와 방법론에서 다채롭다. 군이 어떤 공통점을 찾자면 자연의 다양한 변화들에 삶을 겹쳐 보고 거기서 오성의 계기를 찾는 시들, 자기갱신의 상상력, 禪的 직관, 세련된 수사 등을 들 수 있을 것이다. 특히 지적 세련성은 현대 한국 시인들의 보편적 개성이다. 개인의 자율성과 삶의 가능성들을 고갈시키는 정치적 독재의 억압과 자연 생태계를 파괴하고 황폐화시키는 현대 기술문명의 야만성에 대하여 소모적인 허무주의나 냉소주의적 비판으로 나아갈 수도 있었으나, 그이들은 그 위험성을 불행한 삶과 의식을 감싸안는 긍정과 화해의 에너지로 변환하는데 성공한다. 사실 지식인들의 냉소주의란 "계몽된 허위의식"(페터 슬로터다이크)에 지나지 않는다. 현대 한국 시인들은 삶과 시대의 보편적 전언을 세련된 감수성의 언어로 조탁하는데 탁월한 재능을 보인다. 아울러 그이들은 지적 세련됨을 삶의 불확정성과 모호함을 비판하는 권력으로 쓰지 않고, 삶을 감싸고 끌어안으며 긍정하는 낭만적 우수와 현실과의 방법적 긴장의 힘으로 바꿔왔다. 그이들의 시에 내면화된 드문 따뜻함과 긍정의 힘, 변화를 아우르는 힘은 거기에서 비롯되었을 것이다. 그이들의 시는 현실에 대한 즉물적인 대응이 아니라 사랑에 바탕을 둔 원거리 소통이다.

## 2.

엄재국의 시편들은 한국 현대 서정시의 계보학에 속해 있다. 그의 시들에는 시의 형식에 대해 고민하는 자의식이 거의 나타나지 않는다. 그 대신에 삶에 대한 비의들이 자연의 다양한 계기들을 통해 그 실체를 드러낸다. 그의 시편들은 삶과 세계에 대한 소박한 세계이해에 바탕을 두고 있지만, "죽은 나무의 살아있는 힘을 지나 / 사과나무 뿌리를 따라 걸어본다", 혹은 "몇 개의 사과는 불꺼진 창문처럼 / 검은 반점들을 껴안고 있다 때로는 상처가 / 생의 한가운데를 들여다볼 수 있는 눈이었던지"(「소읍산책」)와 같은 삶에 대한 날카로운 통찰을 보여준기도 한다. 아울러 시적 표현에서 난삽함을 멀리 하고 투명한 수사법을 선호한다. 「옆집 허물기」·「소읍산책」·「외딴집 울타리」·「다리미」·「너무 많은 신」·「정비공장 장미꽃」과 같은 시편들은 일상 체험을 투명하게 보여준다. 시인에 의하면, 나날의 삶의 자리는 너무 빡빡해서 "더 들어갈 틈이 없"(「너무 많은 신」)다. 세속의 범부들에게는 먹고 사는 것조차 버거웁다. 그 버거움은 "닦고 조이고 기름치"는 게 일상화된 정비공장의 노동에 그대로 드러난다. 삶의 하중으로 몸과 마음이 답답하게 "죄고" 있는 듯 느껴지는 것이다. 그 "죄고" 있는 삶의 무게가 무의식에 작용해서 "저녁을 죄고 있는 퇴근 무렵", "휘청거리는 걸음"

이라는 표현을 만들었을 것이다. "언제나 한 발자국 비켜서는 생"(「정비공장 장미꽃」)이 더욱 고단해질 때, 의미를 일구고 보람과 성취감을 느껴야 될 삶은 "달구어진 몸으로 일생을 배밀이하는 내생"(「다리미」)이라는 수일한 표현을 얻는다. 이승의 삶은 힘들고 고달프다는 생각이 신성한 새 생명의 잉태조차 "생의 가장 깊은 곳에 침입한 이물질"(「마흔 넘어 임신한 여자」)이라는 삐딱하게 튀는 생각으로 이어졌을 것이다.

뜻밖에도 죽음을 제재로 다룬 시편들이 많았다. 죽음에 대한 원초적인 체험이 무엇인가는 구체적으로 드러나 있지 않다. 죽음을 제재로 취한 시편들 중에서 가장 빼어난 것은 「용접」이다. "깊은 밤 상가집 부엌마루 처마끝/ 백열등을 스치는 빗방울이 번쩍인다/ 용접봉의 불똥 같다." 갑자기 친구를 잃었던가. 시적 화자는 죽은 친구의 문상을 간다. 때는 비가 내리는 저녁이다. 부엌마루 처마끝에 환한 백열등 불빛을 받은 빗방울들이 번쩍이며 떨어진다. 죽은 친구가 지붕 위에서 용접봉을 들고 "분리된 삶과 죽음"을 붙이고 있다는 상상이 빗방울을 용접봉에서 튀는 불꽃으로 바꿔놓은 것일텐데, 그 이미지는 매우 강렬하면서도 독창적이다. 그러나 엄재국의 가장 좋은 시편들은 자연에서 그 제재를 취할 때다. "찻잔의 받침처럼 감꼭지가 감을 받치고 있습니다 / 무릇 자연은 저렇게 예의 바른 것이어서 / 자신의 전부를 내어 놓는 감나무가 범절을 지키고 있습니다."(「대접」)에서 보듯, 자연은 그 자체로 완벽한 것이어서 산 자가 마땅히 지키고 따라야 할 계율과 윤리가 체현된 그 무엇이다. 랠프 왈도 에머슨은 "자연은 지적 진리 안에서 오성을 훈련시킨다. 지각 대상과의 접촉은 차이, 유사성, 질서, 존재와 현상, 혁신적 배열, 특수한 것으로부터 일반적인 것으로의 도약, 하나의 목적을 위한 다양한 세력의 결합 등에 관한 필요한 학습의 과정에서 부단한 훈련이 된다."(랠프 왈도 에머슨, 『자연』, 신문수 옮김, 문학과지성사, 1998)라고 말한다. 시인의 魂肉은 자연의 세례를 받은 것이어서 자연을 감각과 의미의 매개물로 저항 없이 받아들인다. 자연은 하나의 거대한 생명 공동체이고, 또한 몸을 받고 이 세계에서 삶을 영위할 수밖에 없는 인간의 불가결한 물적 기반이다. 쉽게 말하자면 인간은 자연을 떠나서는 존재할 수 없는 '자연의 존재' 라는 말이다. 인간은 자연 내의 삶을 벗어날 수 없는 생태적 존재이다. 하지만 자연을 바라보고 노래하는 관점은 시대에 따라 크게 달라진다. 그것을 바라보고 노래하는 주체를 감싸고 있는 당대의 관습과 도덕률, 그리고 그의 세계관이 투영되기 때문이다. 시 속의 자연은 이미 해석된 자연, 시인의 '지각의 지평선' 이 들어가 있는 자연이다. 그러므로 그토록 오랫동안 시인들이 자연을 노래했음에도 불구하고 자연이 시인들에게 주는 영감은 고갈되지 않는 것이다. 새로운 시인이 나타날 때마다 자연은 새로운 자연으로 태어나는 것이다. 이 세계의 존재는 인간과 사물로 이분화된다. 인간은 다시 '나' 와 '타자' 로 그 영역이 세분된다. 엄재국에게 자연은 대타자의 영역에 있는 무엇이다. 타자란 궁극적으로 나를 바라보는 자다. '나' 는 '나' 를 바라보는 타자의 시선을 통해 의미화하는 존재다. 시인의 시편들에서 자주 자연이 의인화되어 나타나는 것도 그 때문이다. 이때 자연은 '나' 를 객체화할 수 있는 근거가 된다.

나무들이 짐승이 되어가고 있다

산등성이 폭포를 건너뛰는 맹수들 후두둑 타오르는 불기둥, 그 울음들

제 몸에 火印을 키워가는 발자국들.

스스로의 화염에 휩싸인 잎들, 푸르름에 심겨진 불꽃의 뿌리들.

마을로 번지는 불길 잡으려 밤 밝히는 사내 하나

밤보다 붉은 눈

–「가을」 전문

「가을」은 가을의 이미지를 '짐승', '맹수들', '불기둥', '울음들', '화인', '불꽃의 뿌리들'로 형상화하고 있다. 정적인 존재인 나무를 동적인 존재인 '짐승'으로 표현해낸 것이 특이하다면 특이하다. 정적인 것에서 동적인 것을 연역해낼 수 있는 근거는 그것이 '나'를 바라보고 있는 '대타자'이기 때문이다. '대타자'는 '나'의—바라보인—존재를 되비쳐낸다. 안과 밖은 상호조응하는 것이다. 안이 곧 밖이고 밖은 곧 안인 세계다. 온통 단풍이 들어 산 전체가 불타는 듯한 가을 산을 휘감고 있는 느닷없는 활기와 정념은 결국 그것을 바라보는 주체의 "붉은 눈"으로 초점화한다. 광대한 것을 작은 것으로 축소시켜 그 전모를 표현한 재치가 돋보인다. 시가 전체적으로 단순하나 아주 투명하다.

절집 처마에 물고기 한 마리 누가 배를 갈라 놨다

토막 치지 않은 걸 보니, 저놈이 대구나 동태라면

고기맛 아는 자가 내장만 꺼내 갔을지 모른다

한정드는 싸늘한 가을, 무 숭숭 썰어넣은 얼큰 시원한 내장탕

부처님 눈길을 비켜선 자리여서 충분히 짐작이 간다

절 아래 내장탕집에서 내장 든든하게 채우고 둘러보는 늦가을 내장산

타오르는 불꽃의 단풍 속에 올려놓은 냄비 같은 내장사

부글 부글, 내장이 끓고 있다.

-「내장산 단풍」 전문

「내장산 단풍」은 단풍으로 이름난 '내장산'과 '내장사'를 하나로 아울러 불과 그 위에 올려 '내장탕'을 끓여내는 냄비의 이미지로 전환해내는 수법이 재미있다. 그 처음 착상은 절집 처마에 매달린 목어에서 시작된다. 목어에는 내장이 없다. 늦가을 내장산에 있는 내장사에서 내장 없는 목어를 보고 내려와 절 아래 내장탕집에서 내장탕 한 그릇으로 내장을 든든하게 채우고 난 뒤의 느긋함이 동음이의어를 갖고 익살을 떨게 하는 것이다. 육식을 금하는 절집에서 "한정드는 싸늘한 가을, 무 숭숭 썰어넣은 얼큰 시원한 내장탕"을 떠올

리며 식욕이 동한 게 송구스러웠나보다. 그것이 상상이든 실제이든 내장탕으로 내장을 채우는 일의 송구스러움을 "부처님 눈길을 비켜선 자리"로 몰고나간다. 아마도 건강한 식욕을 채우는 일이니 육식을 계율로 금하신 부처님도 눈길을 비켜 용서해주리라고 눙치는 시인의 태도가 밉지 않다. 말을 부리는 솜씨가 제법 짭짤하다. 장엄한 늦가을 자연 풍경을 여염집 부엌에서 조리해내는 '불'과 '냄비'와 '음식'이라는 이미지로 엮어내는 발상법은 동심에 가까운 천진한 마음에서 비롯되는 것이다.

꽃을 피워 밥을 합니다

아궁이에 불 지피는 할머니

마른 나무에 목단, 작약이 핍니다

부지깽이에 할머니 눈 속에 홍매화 복사꽃 피었다 집니다

어느 마른 몸들이 밀어내는 힘이 저리도 뜨거울까요

만개한 꽃잎에 밥이 끓습니다

밥물이 넘쳐 또 이팝꽃 핍니다

안개꽃 자욱한 세상, 밥이 꽃을 피웁니다

–「꽃밥」 전문

「꽃밥」은 거꾸로 부엌의 아궁이에서 피어오르는 불꽃을 자연으로 끌고 간다. 아궁이에 지펴진 불에서 "목단, 작약"이 피고, 마른 나무에 붙어 일렁이는 불꽃은 "홍매화, 복사꽃"으로 변신한다. 만개한 꽃들에 "밥"이 끓고, 끓어 넘치는 밥물은 다시 "이팝꽃"으로 피어난다. 그것만으로 끝났다면 조금 심심했을 것이다. "어느 마른 몸들이 밀어내는 힘이 저리도 뜨거울까요"라는 구절은 시적 단조로움에 팽팽한 의미의 긴장을 만든다. 아궁이에 불을 지펴 밥을 짓는 범속한 풍경을 꽃밭으로 변용시켜내는 시적 상상은 소중한 것이다.

예로부터 시인들은 자연을 노래해왔다. 얼마나 많은 시인들이 지치지도 않고 강, 달, 바람, 하늘, 땅, 꽃, 나무……들을 노래했는가. 달의 차고 이즈러짐, 해의 뜨고 짐, 물의 오고 감, 꽃의 피고 짐……. 자연이 스스로 이루어내는 변화들을 관찰하고 이것들에 삶을 투영시켜 노래하는 것은 우리 시의 아주 오래된 시적 전통이다. 이것은 너무나 당연한 것이다.

그대의 하얀 언덕과 하얀 허벅지
그대의 알몸을 내게 맡길 때 그대는 우주,
나는 우악스런 농부가 되어 그대 속으로 깊이 파들어가면
땅 한 가운데로부터 아기가 솟아나온다.
파블로 네루다,

–「한 여자의 육체」

우리가 이것들을 사랑하려면 어떻게 했으면 좋겠는가. 묻혀서 누어 있는 못물과 같이 저 아래 저것들을 비취고 누어서, 때로 가냘푸게도 떨어져 내리는 저 어린것들의 꽃잎 사귀들을 우리 몸 우에 받아라도 볼 것인가. 아니면 머언 山들과 나란히 마조 서서, 이것들의 아침의 油頭 粉面과, 한낮의 춤과, 黃昏의 어둠의 어둠 속에 이것들이 잦아들어 돌아오는 아스라한 沈潛이나 지킬 것인가.

– 서정주,「上里果園」

네루다의 「한 여자의 육체」는 수태의 능력을 지닌 한 여성의 몸을 땅의 이미지를 빌어 드러내 보인다. 여자를 모든 생명들을 잉태하고 그것을 낳아 기르는 땅으로 상상하는 것은 매우 자연스러운 시적 상상력일 터이다. 왜냐하면 인간은 땅–자연에서 나며 그것에 기대어 평생을 살아가야 하기 때

문이다. 물론 이 시가 노래하는 것은 남자와 여자의 성적 교섭, 그리고 생명의 탄생의 경이에 대해서이다. 이 시를 이면을 들여다보면 거기에는 인간은 땅 -자연과 유기적으로 연결되어 있는 생명의 존재이며, 땅 -자연의 일부이다, 우리는 땅-자연으로부터 생명을 받으며, 죽어서 다시 땅-자연으로 돌아간다는 시인의 통찰이 깃들어 있다.

서정주의 「上里果園」은 땅-자연이 우리의 내면에 일으키는 기쁨과, 그 안에서 이루어지는 생에 대한 찬탄을 담고 있다. 시인은 땅-자연을 단순히 관조하며 그것을 추상으로 환원시키는, 소비 주체가 아니다. 땅-자연은 감각적 체험의 자리이며, 인간의 생명을 보듬어 안고 그것을 키우고 부양하는 어머니와 같은 존재다. 왜 大地母神이란 말도 있지 않은가! 시인은 땅-자연에 적극적으로 뛰어들어 그것이 주는 기쁨과 행복감을 내면화하려는 능동성을 보여준다. "묻혀서 누어 있는 못물과 같이 저 아래 저것들을 비취고 누어서, 때로 가날푸게도 저 어린것의 꽃잎사귀들을 우리 몸 우에 받아라도 볼 것인가" 하는 시구에는, 이미 땅 -자연 속에 들어가 그것과 渾然一體가 된 뒤의 절정의 행복감이 배어 있다. 이 시를 읽으면 우리 몸이 먼저 반응하는 것을 느끼게 되는데, 다시말해 자신도 모르게 어떤 기쁨의 경지 속으로 들어가 있는 스스로를 발견하게 되는데, 그것은 우리가 바로 땅 -자연과 유기적으로 연결되는 생태적 존재이기 때문이다.

파블로 네루다가 그러하고, 미당 서정주가 그러하듯이 엄재국 시인은 시대를 뛰어넘어 땅-자연을 새롭게 발견하고 그것을 또렷하게 언어로 새겨놓는다. 그들은 한결같이 "나무 한 그루가 상처를 입으면 자기 자신의 아픔으로 느끼고 고통을 같이 하는 감수성"(김종철)을 갖고 있고, 땅-자연으로 나아가는 땅—자연의 아들이다. 땅—자연에 대한 새로운 통찰과 새로운 '지각의 지평선'이 깃들어 있지 못하는 시를 쓰는 시인은 위대한 시인이 될 수 없다. 위대한 시인이란 땅-자연을 갱신하는 상상력과 사유 속에서 그것을 새롭게 발견하고, 그 발견의 경이를 인류에게 되돌려 주어야 한다는 소명을 실천하는 이를 가리킨다.

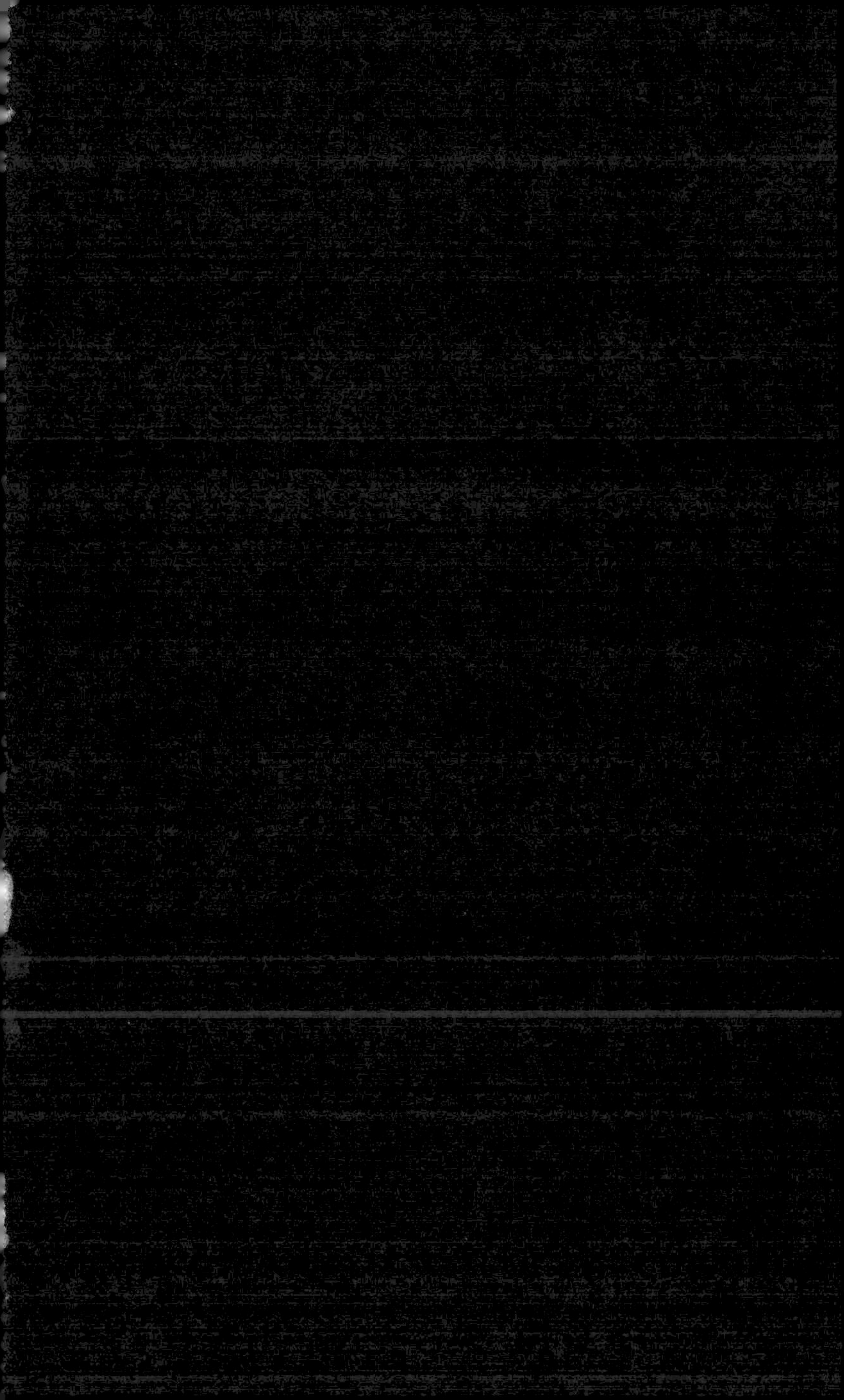